BEI GRIN MACHT SICH IHR WISSEN BEZAHLT

- Wir veröffentlichen Ihre Hausarbeit, Bachelor- und Masterarbeit

- Ihr eigenes eBook und Buch - weltweit in allen wichtigen Shops

- Verdienen Sie an jedem Verkauf

Jetzt bei www.GRIN.com hochladen und kostenlos publizieren

Bibliografische Information der Deutschen Nationalbibliothek:

Die Deutsche Bibliothek verzeichnet diese Publikation in der Deutschen Nationalbibliografie; detaillierte bibliografische Daten sind im Internet über http://dnb.d-nb.de/ abrufbar.

Dieses Werk sowie alle darin enthaltenen einzelnen Beiträge und Abbildungen sind urheberrechtlich geschützt. Jede Verwertung, die nicht ausdrücklich vom Urheberrechtsschutz zugelassen ist, bedarf der vorherigen Zustimmung des Verlages. Das gilt insbesondere für Vervielfältigungen, Bearbeitungen, Übersetzungen, Mikroverfilmungen, Auswertungen durch Datenbanken und für die Einspeicherung und Verarbeitung in elektronische Systeme. Alle Rechte, auch die des auszugsweisen Nachdrucks, der fotomechanischen Wiedergabe (einschließlich Mikrokopie) sowie der Auswertung durch Datenbanken oder ähnliche Einrichtungen, vorbehalten.

Impressum:

Copyright © 2018 GRIN Verlag
Druck und Bindung: Books on Demand GmbH, Norderstedt Germany
ISBN: 9783668781559

Dieses Buch bei GRIN:

https://www.grin.com/document/438044

Christoph Ziemes

Miniaturen des Codex Manesse. Nur farbenfrohes Beiwerk oder instrumentalisierte Dichterdarstellung?

GRIN Verlag

GRIN - Your knowledge has value

Der GRIN Verlag publiziert seit 1998 wissenschaftliche Arbeiten von Studenten, Hochschullehrern und anderen Akademikern als eBook und gedrucktes Buch. Die Verlagswebsite www.grin.com ist die ideale Plattform zur Veröffentlichung von Hausarbeiten, Abschlussarbeiten, wissenschaftlichen Aufsätzen, Dissertationen und Fachbüchern.

Besuchen Sie uns im Internet:

http://www.grin.com/

http://www.facebook.com/grincom

http://www.twitter.com/grin_com

Universität zu Köln
Historisches Institut
Abteilung für Mittelalterliche Geschichte
Einführungsseminar: Bildung und Wissen im Mittelalter
Semester: WS 17/18

Miniaturen des Codex Manesse
Nur farbenfrohes Beiwerk oder instrumentalisierte Dichterdarstellung?

Verfasser: Christoph Ziemes

6. Fachsemester : Gym/Ge BA LA
Abgabedatum: 15.03.2018

Inhaltsverzeichnis

1. Einleitung 3
2. Quellenkritische Vorstellung des Codex Manesse (C) 5
   2.1 Aufbau, Typus, Struktur und Umfang des Codex Manesse 5
   2.2 Entstehungs- und Überlieferungsgeschichte der Handschrift *C* 8
   2.3 Vorstellung der Maler 11
3. Theorie zum Erscheinungsbild, Funktion und Bildformel der Manessischen Miniaturen nach Lothar Voetz in Adaption von Ewald Jammers 13
4. Analyse der Miniaturen 16
   4.1 Miniatur des Kaiser Heinrich 16
   4.2 Miniatur des Herr Walther von der Vogelweide 19
   4.3 Vergleichende Gegenüberstellung der analysierten Miniaturen 21
5. Fazit 23
6. Quellenverzeichnis 25
7. Literaturverzeichnis 26

1. Einleitung

Unter der Signatur *Cod. Pal. germ. 848* [1] bewahrt die Heidelberger Universitätsbibliothek die weltweit bekannteste Handschrift des europäischen Mittelalters auf. Jene Handschrift besitzt aufgrund ihrer über 700 jährigen Überlieferungsgeschichte und wechselnden Besitzverhältnisse eine Vielzahl von Titulierungen. Die wohl bekanntesten Namen sind unteranderem der Art und Aufbewahrungsort beschreibende Name *Große Heidelberger Liederhandschrift* sowie die, in der jüngeren Forschung, verwendete Bezeichnung der Liederhandschrift als „Codex Manesse". Den letzteren Namen verdankt die Liederhandschrift Johann Jakob Bodmer und seinen Forschungen und Erkenntnissen des Jahres 1748 zur Handschrift.[2] Außerdem wird die Anthologie prägnant mit *C*. tituliert. Der Codex Manesse ist zwar die berühmteste, „umfassendste und wertvollste Lyrikhandschrift, die uns heute erhalten ist"[3], jedoch ist der Codex Manesse nicht die einzige überlieferte mittelhochdeutsche Lyrikanthologie von Lied- und Spruchdichtungen des Minnesangs weltlicher Liedkunst. Zwei weitere Beispiele für solche Handschriften sind die *Kleine Heidelberger Liederhandschrift* (Handschrift A) und die *Weingartner Liederhandschrift* (Handschrift B), diese aufgrund ihrer Ähnlichkeiten im Textkorpora und Entstehungszeitraum hinsichtlich vermuteter gemeinsamer Quellen und Vorstufen oftmals mit dem Codex Manesse in Verbindung gebracht werden. Die Vermutung gemeinsamer Vorstufen wird ferner dadurch bestätigt, indem beispielsweise die beiden bebilderten Handschriften *B* und *C* rund 16 Miniaturen aufweisen, diese in der Konzeption des Inhalts und des Dargestellten sowie oftmals in Form verwendeter Symbole, Motive oder Bildelemente übereinstimmen oder gar identisch sind. Wohingegen die ältere kleinformartige Handschrift *B* nur 25 Miniaturen besitzt, weist der großformatige Codex Manesse 137 ganzseitige farbenprächtige Miniaturen auf[4], diese die Handschrift nicht nur „zu einem einzigartigen Dokument gotischer Buchmalerei"[5] sondern in Kombination mit den in gotischer Buchschrift abgefassten weltlichen Texten „zu einer der schönsten und kostbarsten

---

[1] UB Heidelberg, Cod. Pal. germ. 848, URL: https://katalog.ub.uni-heidelberg.de/titel/67353646 (10.03.2018).
[2] Vgl. Walther, Codex Manesse, S. IX – X.; Vgl. Voetz, Codex Manesse, S. 8.
[3] Mittler, Codex Manesse. Katalog zur Ausstellung, S. VII.
[4] Vgl. Holznagel, Wege in die Schriftlichkeit, S. 122-123, 142-143, 238- 242.
[5] Walther, Codex Manesse, S. VIII.

Handschriften des europäischen Mittelalters"[6] und zu einem einzigartigen historischen „Zeugnis der mittelalterlichen deutschen Laienkultur"[7] machen.

Trotz der bereits seit über 400 Jahre andauernden wissenschaftlichen Entschlüsselung des Codex Manesse konnten in vielen Forschungsbereichen noch keine Erkenntnisse und Antworten auf Forschungsfragen gefunden werden. Das Forschungsfeld ist ferner von Vermutungen und vagen Hypothesen konstruiert, was zur Folge hat, dass nahezu kein Konsens innerhalb der Forschung vorherrscht. Das Interesse an der weiteren Erforschung des Codex Manesse ist trotz der vielen ungeklärten Aspekte niemals erloschen. Ferner konnte die jüngere Forschung viele Fortschritte erzielen, diese jedoch zusätzlich viele neue Fragen dem Forschungsdiskurs hinzufügten. Als Indikator für das rege Interesse am Codex Manesse können unter anderem die zahlreichen Faksimilierungen der Handschrift zwischen den 1970er und 1980er Jahren als auch die Digitalisierungen der 2010er Jahre sowie die Ausstellungen und Dokumentationen zur Handschrift in Heidelberg (1988, 2010 – 2011) und in Zürich (1991) anlässlich Jahresfeiern oder Jubiläen gesehen werden. Die Arbeiten an und mit dem Codex Manesse konnten in Kombination mit jüngeren Funden von Fragmenten, wie der Budapester Liederhandschrift, zu neuen Erkenntnissen in der Forschung und wissenschaftlichen Entschlüsselung führen.[8]

Zwar wurde vermutlich die Erstellung der Handschrift mit der primären Intention seiner Initiatoren zur Sammlung und Sicherung der weltlichen Dichtertexte in einem Band veranlasst, dennoch sind die überlieferten Dichtungen nur zu geringerem Anteil an dem außerfachlichen Interesse und der Popularität des Codex Manesse beteiligt. Paradox erscheint es demnach, dass gerade die farbenprächtigen Miniaturen bzw. Autorenbilder, die den Textkorpora der jeweiligen Dichter vorangestellt sind, das Interesse an einer Lyrikanthologie aufrechterhalten. Aufgrund jenes auch außerfachlichen Interesses an den Manessischen Miniaturen, soll das Ziel dieser Arbeit eine exemplarische Analyse zweier Miniaturen sein, diese die Miniaturen hinsichtlich ihrer Konzeption und kommunikativen Funktion im Kontext der gesamten Handschrift untersucht. Ferner soll mittels besagter Analyse festgestellt werden ob die Miniaturen in ihrer Anordnung einem Konzept folgen und ob sie eine kommunikative Funktion besitzen oder ausschließlich ein farbenprächtiges Beiwerk zu den Textkorpora sind.

---

[6] Walther, Codex Manesse, S. VIII.
[7] Mittler, Codex Manesse. Katalog zur Ausstellung, S. VII.
[8] Vgl. Voetz, Codex Manesse, S. 7–8.

Nach der Einleitung wird im zweiten Kapitel die Handschrift hinsichtlich ihres Umfangs, Typus sowie bezüglich ihrer Überlieferungsgeschichte quellenkritisch präsentiert. Des Weiteren werden die Maler differenziert vorgestellt. Daraufhin folgt im dritten Kapitel eine Vorstellung der Bildformel – Theorie gemäß Ewald Jammers, diese jedoch von Lothar Voetz überholt und mit neuen Forschungserkenntnissen ausgestattet wurde. Des Weiteren sollen die Theorien zur Rolle und Funktion der Bilder im vierten Kapitel auf ihre Praktikabilität hin überprüft wird. Im vierten Kapitel werden die exemplarischen Miniaturen zu Kaiser Heinrich VI. und Herr Walther von der Vogelweide hinsichtlich ihrer Erscheinung und kommunikativen Funktion im strukturellen Kontext des Codex Manesse analysiert. Des Weiteren dient jene Analyse der praktischen Anwendung und Überprüfung Lothar Voetz Theorie. Im fünften Kapitel folgt ein konkludierendes Gesamtfazit dieser Hausarbeit.

2. Quellenkritische Vorstellung des Codex Manesse (C)

2.1 Aufbau, Typus, Struktur und Umfang des Codex Manesse

Der Codex Manesse gilt in der Forschung als „der wichtigste Textzeuge in der Überlieferung der deutschsprachigen Lyrik des 12. – 14. Jahrhunderts"[9] und ist gleichzeitig die umfangreichste und weltweit bekannteste weltliche deutsche Lyriksammlung des Mittelalters[10]. Ferner ist der Codex Manesse nicht nur eine mittelalterliche Lyrikhandschrift, sondern der „bedeutendste Vertreter eines besonderen Handschriftentyps, nämlich des Typs einer bebilderten Lyrikanthologie, der für eine mittelalterliche deutschsprachige Lyriksammlung außergewöhnlich ist."[11]
Die Manessische Liederhandschrift steht als Typus der deutschsprachigen Lyrikanthologien des Mittelalters jedoch nicht alleine da, denn der Codex ist neben der Handschrift A (Kleine Heidelberger Liederhandschrift)[12] und der Handschrift B (Weingartner Liederhandschrift)[13] eine der „drei Haupthandschriften des deutschen

---

[9] Vgl. Holznagel, Wege in die Schriftlichkeit, S.140.
[10] Vgl. Voetz, Codex Manesse, S.6.
[11] Voetz, Codex Manesse, S.8.
[12] UB Heidelberg, Cod. Pal. germ. 357, URL: https://katalog.ub.uni-heidelberg.de/titel/66571078 (10.03.2018).
[13] Württembergische LB Stuttgart, HB XIII 1, URL: http://digital.wlb-stuttgart.de/purl/bsz319421317 (10.03.2018).

Minnesangs"[14], jedoch „für den 'nachklassischen' Minnesang die hauptsächliche und in vielen Fällen einzige Quelle."[15]

Der Umfang des Codex Manesse umfasst heute 426 Pergamentblätter im Großfolioformat von 35,5 x 25 cm[16], diese in 38 Lagen zusammengefasst sowie gebunden sind.[17] Schon das Großformat des Erscheinungsbilds untermauert die Außergewöhnlichkeit der auf Repräsentation hin angelegten Lyrikanthologie. Des Weiteren beinhaltet der Codex Manesse zwei zum Schutz der Pergamentblätter später hinzugefügte Papierblätter und umfasst demnach nach heutigem Stand insgesamt 428 Blätter. Die heutige Zählung der Blätter von eins bzw. drei – 428 ist neuzeitlich, jedoch sind die Nummerierungen den jeweiligen Pergamentblättern jeweils auf der Vorderseite, der *Recto*, oben rechts in der Blattecke des Codex Manesse in schwarzer Tinte[18] zu entnehmen.[19] Ähnlich wie die Vorsatzseiten aus Papier ist der jetzige Einband des Codex Manesse später hinzugefügt wurden und gehört in dieser Form nicht zum ursprünglichen Entstehungszustand der Handschrift. Jener Einband stammt aus dem 20. Jahrhundert[20], da der ursprüngliche Einband nicht mehr vorhanden ist.[21]

Der „Codex Manesse ist von seinem Textcorpora eine [...] auf Vollständigkeit hin angelegte Sammlung der nicht kirchlich – geistlichen gebundenen mittelhochdeutschen Lieddichtung von ihren Anfängen um die Mitte des 12 Jahrhunderts bis [...] etwa des ersten Drittels des 14. Jahrhunderts"[22]. Der Textkorpus der Manessischen Liederhandschrift umfasst nur noch 5240 Strophen und 36 Leichs von ursprünglich 5400 überlieferten Strophen[23] und enthält heute 140 Textsammlungen. Der Inhalt ist auf dem Schriftspiegel der Maße 26 x 17,5 cm[24] abgefasst und wirkt auf dem ersten Blick einheitlich. Zwar erscheinen die gesamten Textkorpora in gotischer Buchschrift *Littera textualis*, die vielmehr gemalt als geschrieben sind, dennoch sind im Verlauf der Verschriftlichungsprozesse rund elf Schreiber für die Werke und sechs Illuminatoren für

---

[14] Holznagel, Wege in die Schriftlichkeit, S.140.
[15] Effinger, Codex Manesse, URL: http://www.ub.uni-heidelberg.de/allg/benutzung/bereiche/handschriften/codexmanesse.html (10.03.2018).
[16] Vgl. Werner, Die Handschrift und ihre Geschichte, S.15.; Vgl. Voetz, Codex Manesse, S.8.; Vgl. Walther, Codex Manesse, S. XIII.
[17] Vgl. Walther, Codex Manesse, S. XIII.
[18] Cod. Pal. germ. 848, fol. 428 r. URL: http://digi.ub.uni-heidelberg.de/touch/cpg848/#page/859 (08.02.2018).
[19] Vgl. Voetz, Codex Manesse, S.9.
[20] Vgl. Voetz, Codex Manesse, S.8.
[21] Vgl. Walther, Codex Manesse, S. XIII.
[22] Voetz, Codex Manesse, S.9.
[23] Vgl. Holznagel, Wege in die Schriftlichkeit, S.141.; Vgl. Voetz, Codex Manesse, S.9.
[24] Vgl. Holznagel, Wege in die Schriftlichkeit, S.141.

den Initialschmuck tätig gewesen, diese sich trotz ihrer Anstrengung minimal in ihrer Sorgfältigkeit der Arbeit und Anteilnahme am Codex Manesse unterscheiden.[25] Die 140 Dichtersammlungen der Minnesänger werden im Regelfall durch ein jeweiliges farbenprächtiges ganzseitiges Autorenbild, die Miniaturen, eingeleitet. Die dem jeweiligen Textkorpus eines Dichters vorangestellten idealisierten Miniaturen sind den Dichtern mittels Namennennung zugeschrieben und stellen diese in höfischen Aktivitäten dar. Drei vermutlich später hinzugefügten Dichtersammlungen fehlt jedoch das notwenige Autorenbild. Der Codex enthält daher 140 Textsammlungen und 137 Miniaturen. Zu den 137 Miniaturen kommt des Weiteren noch eine unvollständige Vorzeichnung hinzu, diese weder einem Dichternamen noch einer Dichtersammlung zugeordnet ist und von späterer Hand zu einer Federzeichnung nachgezeichnet wurde. Ferner beinhaltet der Codex Manesse zusätzlich ein Pergamentblatt dem zwar ein Dichtername aber kein Autorenbild und Text zugewiesen wurde.[26] Die nicht zugewiesenen Fragmente der Handschrift, bestätigen die Vermutung dass der Codex Manesse niemals final abgeschlossen bzw. vervollständigt wurden ist.

Der Umfang der Textkorpora der Dichter ist hochgradig unterschiedlich, jedoch überschreiten die meisten Textsammlungen nicht den Umfang von 30 Strophen. Der umfangreichste Textkorpus stammt von Walther von der Vogelweide und umfasst 447 Strophen, wovon sieben Strophen sich wiederholen, in welchem unter anderem ein *Leich*[27] enthalten ist.[28]

Die Abfolge der Textsammlungen und Miniaturen ist nicht nach chronologischen Grundsätzen wie z.b. temporalen Schaffensperioden oder Entstehungszeiten der Minnesänger angelegt. Die Abfolge suggeriert durch ihre Anordnung einem hierarchisch – ständischen Prinzip der feudalen Gesellschaftsordnung zu folgen, in welchen weniger der literarische Rang und Wert der Werke und Laienlieder, als die soziale ständische Bedeutung des Dichters in der mittelalterlichen Gesellschaft ausschlaggeben ist. So eröffnen die Miniatur und der Textkorpus Kaiser Heinrich VI. die Manessische Liederhandschrift des Minnesangs. Die darauf folgenden Werke orientieren sich abfallend nach dem ritterlich – adeligen Stand und ständischen Rangordnungssystem der Dichter nach Königen, Herzögen, Markgrafen, Grafen, Freiherren, Ministerialen und

---

[25] Vgl. Werner, Die Handschrift, S. 53-55.
[26] Vgl. Voetz, Codex Manesse, S. 8–9.
[27] Mittelhochdeutsches lyrisches Großformat das z.B. als Lobpreisung der Trinität und vor allem an Christus und Maria erscheint.
[28] Vgl. Voetz, Codex Manesse, S. 9.

Bürgerlichen.[29] Jene Abfolge wird gemäß Lothar Voetz in der jüngeren Forschung mit dem Schlagwort „Vom Kaiser bis zum Bettelmann"[30] deklariert, wobei die historische Existenz letzterer herumfahrender Berufsdichter nur schwer nachgewiesen werden kann.[31] Die Relevanz um die Einhaltung der hierarchisch – ständischen Ordnung für die Initiatoren in der Handschrift, ist vor allem daran zu erkennen, dass in den Anfängen des Codex Manesse die Reihenfolge der Textkorpora sowie die Miniaturen der Dichter mannigfaltig oft verändert wurden. Die Vielfalt der aufwendigen Reihenfolgeabänderungen[32] ist vor allem zu Beginn der Handschrift zu erkennen, indem die Arbeiten, diese zu unterschiedlichen Zeiten entstanden, der insgesamt am Codex Manesse beteiligten elf Schreiber, sechs Illuminatoren sowie die vier Maler und deren Werkstattgehilfen[33], in unterschiedlicher Abfolge innerhalb der Liederhandschrift erscheinen. Jedoch ist zu betrachten, dass jenes Prinzip im hinteren Teil der Handschrift, aufgrund von Texten die in späteren Phasen hinzukamen, inkonsequent fortgesetzt wurde.[34]

2.2 Entstehungs– und Überlieferungsgeschichte der Handschrift *C*

Die mittelalterliche Stadt Zürich und dessen Umgebung gelten in der älteren und neueren Forschung als Entstehungsort der Handschrift. Der Erstellung der Lyrikanthologie sind reichhaltige Sammeltätigkeiten vorauszusetzen, jedoch können diese Jahre nicht zum Entstehungskontext der Verschriftlichung des Codex Manesse hinzugefügt werden. Den Vorlagen des Codex Mansse gehen ebenfalls längere Prozesse der Verschriftlichung und Sammeltätigkeiten voraus. Es ist anzunehmen dass die Erstellung des Codex Manesse frühestens um 1300 anfängt und in der zweiten Hälfte des 14. Jahrhunderts zwischen den 1330er und 1340er Jahren zum Erliegen kommt. Das genaue Ende kann jedoch nicht genau datiert werden, da der Codex Manesse weder durch eine Endredaktion abgeschlossen wurde noch die Gründe des Endes bekannt sind. Der Entstehungskontext der Verschriftlichung umfasst demnach rund 40 Jahre.[35]

---

[29] Effinger, Codex Manesse, URL: http://www.ub.uni-heidelberg.de/allg/benutzung/bereiche/handschriften/codexmanesse.html (10.03.2018).
[30] Voetz, Codex Manesse, S. 9.
[31] Vgl. Voetz, Codex Manesse, S. 8–9.; Vgl. Voetz, Überlieferungsformen, S. 224 – 232.
[32] Vgl. Werner, Die Handschrift, S. 55 – 56.
[33] Vgl. Walther, Codex Manesse, S. XIV.; Vgl. Holznagel, Wege in die Schriftlichkeit, S.142.
[34] Vgl. Voetz, Codex Manesse, S. 9.
[35] Vgl. Voetz, Codex Manesse, S. 8.

Rüdiger (Tod: 1304) und Johannes (Tod: 1297) Manesse, Angehörige einer stadtritterlichen Line, werden in der Forschung als Initiatoren des Codex Manesse angesehen, jedoch fehlen weitere Informationen und Forschungserkenntnisse zu späteren Auftraggebern der Handschrift, diese nach beider Ableben nachweislich in späteren Arbeitsphasen fortgesetzt wurde. Teil der nachweisbaren späteren Arbeitsphasen ist die Vielzahl von Schreibern, Illuminatoren, Malern und deren Gesellen, zu denen weder biografische Angaben noch namentliche Nennungen bekannt sind. Die Forschung steht demzufolge bezüglich vieler Forschungsbereiche in großer Unkenntnis.[36] Lediglich Vermutungen können aufgrund fehlender Quellen als plausible Klärungsansätze fungieren. Einerseits wäre anzunehmen dass das Interesse an der Fortsetzungsarbeit der Lyrikanthologie aus beispielsweise politischen oder persönlichen Gründen versiegte. Andererseits erscheint es plausibel dass schlichtweg die finanziellen Mittel der späteren Auftraggeber zur Förderung der Fortsetzungsarbeiten der kostspieligen Handschrift ausfielen bzw. nicht mehr ausreichten oder dass eine Vervollständigung der Handschrift zu zeitaufwendig war. Im Zweifelsfall können auch beide Vermutungen in kausaler und konditionaler Verknüpfung als Klärungsansatz Verwendung finden.

Der Verbleib der Handschrift ist für den Zeitraum der zweiten Hälfte des 14. Jahrhunderts bis zirka 1600 nahezu unbekannt. Die Besitzverhältnisse sind erst ab 1657 lückenlos nachvollziehbar, obwohl geringe bekannte Informationen um 1600 über Verkäufe und Vermächtnisse jene lückenlosen Besitzverhältnisse ab 1657 bedingen.

Auf den neuzeitlichen Besitzverhältnissen beruhen auch die anderen Titulierungen die dem Codex Manesse zukommen. Die heute nicht mehr gebräuchliche Bezeichnung Pariser Liederhandschrift ist darauf zurückzuführen, dass die Handschrift bis 1888 im Besitz der Königlichen Bibliothek in Paris war, ehe sie nach Heidelberg kam. 1888 gelangte der Codex Manesse, initiiert durch den Straßburger Buchhändler Karl Ignaz Trübner, mit Unterstützung des Deutschen Kaiserreichs nach einem Tausch– und Kaufgeschäft zwischen dem Kaiserreich und der Pariser Bibliothèque für rund 150.000 Francs und 166 karolingische Handschriften zurück nach Deutschland und später nach Heidelberg. Mit dem Verbleib und der Aufbewahrung der Handschrift in der Heidelberger Universitätsbibliothek begann die Titulierung Große Heidelberger Liederhandschrift gebräuchlich zu werden.[37]

---

[36] Vgl. Voetz, Codex Manesse, S. 8.
[37] Vgl. Effinger, Codex Manesse, URL: http://www.ub.uni-heidelberg.de/allg/benutzung/bereiche/handschriften/codexmanesse.html (10.03.2018).

Der Zusatz *Groß* für die Handschrift ist dahingehend in Abgrenzung zur der ebenfalls in der Universitätsbibliothek Heidelberg verwahrten kleinformartigeren, älteren und weniger umfangreicheren, unbebilderten Handschrift *Kleine Heidelberger Liederhandschrift* zu erklären.[38]

Die in der Forschung gängige Bezeichnung der Handschrift als Manessische Handschrift oder Codex Manesse ist auf die Untersuchungen und Erkenntnisse des Schweizer Professors Johann Jakob Bodmer (1698 – 1783) mit seinen „Proben der alten schwäbischen Poesie des Dreyzehnten Jahrhunderts"[39] im Jahre 1748 zurückzuführen. Bodmer führte zwar bereits 1748 die Bezeichnung der Handschrift als Manessische Handschrift ein, jedoch wurde sowohl die Bezeichnung als auch seine Theorie, dass die Handschrift in Zürich entstanden sei, in der Forschung des 19. und 20. Jahrhundert vehement kritisiert. Bodmers Theorie zum Zürcher Entstehungsort und dass der Zürcher Chorherr Rüdiger Manesse und sein Sohn die Erstellung und Sammlung von Minneliedern initiierend veranlasste, argumentierte Bodmer mittels Fundes von Informationen innerhalb der Strophen des Dichters Johannes Hadlaub[40] im Codex Manesse selbst. Denn im „achten Lied seines umfangreichen und nur in dieser Handschrift überlieferten Liederzyklus schildert Hadlaub"[41], als nachgewiesener Bürger Zürichs im Jahre 1302 und dort vor dem 14 Februar 1340 verstorben, dass die Herrschaften Manesse als unvergleichbare Sammler von Liederbüchern und Minnesang im deutschen Königreich tätig waren.[42]

Erst aufgrund der Ergebnisse der jüngeren Forschung, die sowohl Rüdiger und Johannes Manesse als initiierende Grundlage der Handschrift sowie Zürich als Entstehungsort verifizieren, kam die Bezeichnung Bodmers von 1748 erneut in Umlauf. Denn fußend auf den Erkenntnissen Bodmers aus den Vergleichen der Liederbuchsammlung der Manesse mit der Handschrift *C* und Hadlaubs Manessisches Preisgedicht, konnte herausgestellt werden, dass Hadlaubs Gedicht zwischen dem Tod Johannes und seines Vaters verfasst worden sein muss. Hadlaub kann demnach, mit seinem Wissen über die Manessische Sammeltätigkeiten und den Vorstufen der Sammlungen von Quellen, als ein Zeuge der Entstehung und weiteren Verschriftlichung des Codex Manesse gesehen werden.[43]

---

[38] Vgl. Voetz, Überlieferungsformen, S. 232 -234.
[39] Vgl. Walther, Codex Manesse, S. IX.
[40] Cod. Pal. germ. 848, fol. 371 r. URL: http://digi.ub.uni-heidelberg.de/touch/cpg848/#page/744 (08.02.2018).
[41] Walther, Codex Manesse, S. IX.
[42] Vgl. Walther, Codex Manesse, S. IX – X.; Vgl. Voetz, Codex Manesse, S. 8–9.
[43] Vgl. Walther, Codex Manesse, S. X – XI.

2.3 Vorstellung der Maler

Neben den Schreibern und Illuminatoren die an der gesamten Entstehung des Codex Manesse beteiligt waren, sei an dieser Stelle aufgrund des Schwerpunkts dieser Hausarbeit genauer auf die vier Maler der Miniaturen zu verweisen. Zwar wird in der Forschung stets von den Malern gesprochen, jedoch waren ebenfalls ihre Werkstattgehilfen[44] an der Erstellung der Miniaturen beteiligt.

Da ähnlich zu den Schreibern und Illuminatoren die Namen und Schaffungsperioden der Maler unbekannt sind, müssen zur Unterscheidung der Miniaturen und demnach für die Zuweisung der Werke zu ihren Erstellern äußere Kriterien sowie die jeweiligen Umgänge mit Bildtraditionen innerhalb der Miniaturen konsultiert werden. Ferner werden aufgrund der unbekannten Namen den Schreibern, Illuminatoren und Malern *Siglen* zugeordnet. Bei den Malern wird demnach gemäß ihrer Beteiligung an der Erstellung der Handschrift nach einem Grundstockmaler (Gr) und drei Nachtragsmalern (N I – III) unterschieden. Die Unterscheidungskriterien werden bereits seit dem letzten Viertel des 19. Jahrhunderts angewendet und haben sich nur marginal verändert. Die dreigliedrigen Unterscheidungskriterien für die Miniaturen strukturieren sich nach der Linierung bzw. Nicht- Linierung der Bildseiten und nach der Art der strukturellen und farblichen Ausgestaltung des Miniaturrahmens.[45]

Mittels jenes Kriterienkatalog werden Gr „110 der insgesamt 137"[46] Miniaturen zugewiesen, wovon er jedoch gemäß der jüngeren Forschung nur einen Teil ganzheitlich eigenhändig anfertigt haben soll. Des Weiteren lassen sich drei Gehilfen von Gr ausmachen, die an der Erstellung der Miniaturen des Grundstocks mit Gr zusammengearbeitet haben. Die Einflüsse der Gehilfen können jedoch kaum bis gar nicht voneinander unterschieden werden. Grund für die Unterscheidungsschwierigkeiten der Gehilfen ist unter anderem der Einfluss von Gr, da aufgrund der einheitlichen Gestaltung anzunehmen ist, dass Gr stets in Form der Konzeption und Komposition der Segmentreihung innerhalb der Grundstockminiaturen beteiligt war.[47] Orientiert an den dargestellten Unterscheidungskriterien der Miniaturen lassen sich die Miniaturen des Grundstocks am einfachsten erkennen, da diese auf nicht liniertem Papier, mit einer

---

[44] Vgl. Voetz, Codex Manesse, S. 35.
[45] Vgl. Voetz, Codex Manesse, S. 35.
[46] Vgl. Voetz, Codex Manesse, S. 36.
[47] Vgl. Walther, Codex Manesse, S. XXV.

Ausnahme[48], illustriert sind. Grund dafür ist das bei der Erstellung der Handschrift und Einrichtung der Seiten vor den jeweiligen Textkorpora diese für die Miniaturen eingeplant und daher freigelassen wurden sind. Die Grundstockminiaturen sind somit keine nachträglich hinzugefügten Miniaturen die auf, für die nachträgliche Ergänzung von Strophen im Textkorpus hin, freigelassene Pergamentseiten illustriert wurden. Die Rahmen der Grundstockminiaturen weisen stets ein geometrisches Muster auf. Die Rahmenfüllungen von Gr, diese auch bis zum Ende der Handschrift Verwendung finden, sind Rauten–[49] oder Streifenmuster[50].Im späteren Verlauf werden jene Rahmenfüllungsmuster ergänzt, indem diagonal oder horizontal angelegte Felder, diese selbst von dünnen schmalen Randstreifen eingefasst sind, die Miniaturrahmen von Gr ausfüllen. Die Grundstockrahmen sind signifikant in rot, blau und gold farblich abgefasst, wobei spätere Gr – Miniaturen zusätzlich grün aufweisen.[51] Des Weiteren ist für Gr „der Kontrast der ungemischten, kräftigen Farben"[52] charakteristisch, diese dominierend in „Zinnober und Purpur, Blau, Grün und Gold"[53] abgefasst sind und kaum etwas ihrer Leuchtkraft verloren haben.[54]

Die Nachtragsmalerminiaturseiten sind im Gegensatz zu Gr grundsätzlich liniert und daher ursprünglich für Strophen vorgesehene Pergamentblätter. N I werden 20 Miniaturen zugesprochen, diese im Rahmen keine einfachen geometrischen Muster aufweisen. NI Besonderheit in der strukturellen Rahmenfüllungskonzeption liegt darin, dass die Rahmen durch pflanzliches Blüten– und Blattrankenwerk auf einfarbigen Grund dargestellt werden[55]. N II hingegen ist an dem breiten Miniaturrahmen zu erkennen, der mit aufwendigen und farblich abgestuften Rauten– und Rosettenbordüren[56] verziert ist. Insgesamt werden N II vier Miniaturen zugesprochen. In Relation zu den anderen Nachtragsmalern präferiert N III dunkelblaue Rahmen bzw. Randstreifen, diese mit goldenen Blüten bestückt[57] sind. N III werden nur drei Miniaturen zugeordnet, wobei in der jüngeren Forschung vermutet wird, dass die unvollendete Federzeichnung einer

---

[48] Cod. Pal. germ. 848, fol. 302 r. URL:http://digi.ub.uni-heidelberg.de/touch/cpg848/#page/606 (08.02.2018).
[49] Cod. Pal. germ. 848, fol. 6 r. URL: http://digi.ub.uni-heidelberg.de/touch/cpg848/#page/15 (08.02.2018).
[50] Cod. Pal. germ. 848, fol. 30 r. URL: http://digi.ub.uni-heidelberg.de/touch/cpg848/#page/62 (08.02.2018).
[51] Vgl. Voetz, Codex Manesse, S. 35.
[52] Walther, Codex Manesse, S. XXV.
[53] Walther, Codex Manesse, S. XXV.
[54] Vgl. Voetz, Codex Manesse, S. 35 – 36. ; Vgl. Walther, Codex Manesse, S. XXV.
[55] Cod. Pal. germ. 848, fol. 10 r. URL: http://digi.ub.uni-heidelberg.de/touch/cpg848/#page/22 (08.02.2018).
[56] Cod. Pal. germ. 848, fol. 399 r. URL: http://digi.ub.uni-heidelberg.de/touch/cpg848/#page/800 (08.02.2018).
[57] Cod. Pal. germ. 848, fol. 197 v. URL: http://digi.ub.uni-heidelberg.de/touch/cpg848/#page/398 (08.02.2018).

Turnierszene[58] ohne namentliche Bezüge ebenfalls aus der Hand von N III stammt. Der Federzeichnung folgt des Weiteren auch keinem Textkorpus. Neben den 137 Miniaturen und der unvollständigen Federzeichnung existieren des Weiteren drei Textkorpora, welche zwar jeweils eine namentliche Dichterzuweisung aber über keine Autorenminiatur verfügen, obwohl sich vor ihrem jeweiligen Textkorpus ein unliniertes freies Pergamentblatt befindet.[59] Die Vermutung um die Federzeichnung und Ausführung von N III kann jedoch nicht bestätigt werden.

3. Theorie zum Erscheinungsbild, Funktion und Bildformel der Manessischen Miniaturen nach Lothar Voetz in Adaption von Ewald Jammers

In seinen theoretischen Ausführungen zum Erscheinungsbild und der Funktion der Miniaturen im Codex Manesse adaptiert Lothar Voetz facettenhaft den Kern Ewald Jammers theoretischer Arbeit, diese hinsichtlich der Hypothese einer zu betrachtenden antiken Bildformeltradition[60] sowie deren Wandel und Verlust[61] innerhalb der Manessischen Miniaturen konstruiert ist. Ferner ist Lothar Voetz Theorie als aktualisierende Überholung Jammers veralteter Theorie der 1965er Jahre zu verstehen, indem dieser Jammers Hypothesen mit neuen Erkenntnissen der jüngeren Forschung und eigenen theoretischen Ausführungen ergänzt. Des Weiteren vereinfacht Voetz gleichzeitig Jammers Theorie, indem dieser einerseits die Miniaturen im strukturellen Kontext des Codex Manesse betrachtet und andererseits die Bestandteile der Manessischen Miniaturen vergleichend im Rundumblick hinsichtlich der Bestandteile einer „älteren Bildtraditionen"[62] und deren Wandel im Kontext der Manessischen Maler analysiert. Grundlegend für die Miniaturanalyse ist das Bewusstsein darüber, dass den Miniaturen der Grundtypus der Autorenbilder zu Grunde liegt, diese bis zur Antike zurückverfolgt werden können. Mittelalterliche Autorenbilder sind vor allem in Form kirchlich – geistlicher Evangelistenbilder anzutreffen, diese die Evangelisten bei der schriftlichen Abfassung des jeweiligen Evangeliums darstellen.[63] Wichtig ist hierbei allerdings der Aussagetypus jener

---
[58] Cod. Pal. germ. 848, fol. 196 r. URL: http://digi.ub.uni-heidelberg.de/touch/cpg848/#page/395 (08.02.2018).
[59] Vgl. Voetz, Codex Manesse, S. 35 – 36. ; Vgl. Walther, Codex Manesse, S. XXV – XXVII.
[60] Vgl. Jammers, Das Königliche Liederbuch, S. 76 -80.
[61] Vgl. Jammers, Das Königliche Liederbuch, S. 99 -103.
[62] Voetz, Codex Manesse, S. 34.
[63] Vgl. Voetz, Codex Manesse, S. 33 – 34.

Evangelistenminaturen, denn die aktiv schreibenden Evangelisten fungieren nicht als Autoren, sondern als immanentes Sprachrohr und Medium der göttlichen Transzendenz. Sie schreiben gemäß der christlichen Theologie somit kein geistiges Eigenerzeugnis sondern ausschließlich Gottes Worte nieder. Die Verschriftlichung gelingt den Evangelisten somit nur mittels göttlicher Unterstützung und Befähigung.

Da der Dichter in den Miniaturen der weltlichen Lyrikanthologien wie z.b.in *C* oder in *B* niemals beim Vorgang der Verschriftlichung seiner Werke sondern bei höfisch – ritterlichen Aktivitäten dargestellt wird, kann der geistlich – kirchliche Typus des gottbefähigten aktiv schreibenden Evangelisten nicht als Vorlage für die weltlichen Miniaturen der Liederhandschriften gedient haben. Plausible Quellen für die Miniaturen können demnach gemäß Voetz lediglich Schriften gewesen sein, diese den Aussteller wie z.B. einen Kaiser oder Papst in Form eines umrahmten Autorenbilds darstellten. Mögliche Quellen können daher einerseits Urkundensammlungen, Repräsentationsbildnisse oder andere weltliche Handschriften sein.[64]

Zwar sind die mittelalterlichen Autorenbilder der weltlichen Handschriften als „Bild der Dichter der jeweils nachfolgenden Textsammlung"[65] zu verstehen, jedoch fungieren jene Abbildungen, in Abgrenzung zu den heutigen portraithaften Autorenbildern in der Literatur, als hochgradig symbolisch aufgeladene und idealisierte Repräsentationen des sozialen Stands der jeweiligen Dichter. Jene idealisierte Standesdarstellung orientiert sich an der hierarchisch – ständischen Gesellschaftsordnung des Mittelalters, welche in ihren Idealen und Symbolen ritterlich – adelig dominiert erscheint. Des Weiteren stehen innerhalb der weltlichen Miniaturen stets die Dichter als Protagonisten im Zentrum, indem diese einerseits als besonnene einzelne Gestalten in Einzelsituationen oder andererseits häufig innerhalb von kommunikativen oder aktiv handelnden Kontexten in Abgrenzung zu anderen Nebenfiguren hervorgehoben werden.[66]

Besonders die Abgrenzungen der mittelalterlichen Miniaturen weltlicher Lyrikanthologien zu neuzeitlichen Autorenbildern, bilden Lothar Voetz theoretischen Kern in der Untersuchung der Erscheinung und Funktionsweise der Autorenbilder im Codex Manesse. Die primäre Intention der weltlichen Miniaturen ist gemäß Voetz die symbolisch – idealisierte Darstellung des Dichters als Minnesänger und aktives Mitglied der ritterlich –

---

[64] Vgl. Voetz, Codex Manesse, S. 33.
[65] Voetz, Codex Manesse, S. 33.
[66] Vgl. Voetz, Codex Manesse, S. 33.

adeligen Welt bzw. Gesellschaft des Mittelalters innerhalb eines Autorenbilds.[67] Diese Intention wird mittels der Anwendung von ritterlich – adeligen Symbolkatalogen gewährleistet. Die, falls überhaupt in den Miniaturen vorhanden, portraithaften Züge, biografischen Ereignisse und allgemeinhistorischen Begebenheiten innerhalb der jeweiligen Autorenbilder fungieren ausschließlich ergänzend.

Den Malern gelingt es trotz des repetitiven Anspruchs jeweils ein ständisch adäquates Autorenbild zu einem Dichter zu erstellen, stets eine „eigenständige Kombination von Vertrauten und Neuem zu schaffen."[68] Dies wird mittels mannigfaltiger Anwendungsvariation von Kompositionen verschiedener Bildelemente wie geometrische Formen oder symbolische Insignien geschaffen. Anhand des Herausstellens der kombinatorischen Komposition von alten Bildtraditionen wie z.b. visuelle Abgrenzungen zwischen symbolischen Standesinsignien und Miniaturszenen durch Querbalken[69] und neuen Einflüssen durch die Maler innerhalb der Miniaturen, knüpft Lothar Voetz an den zweiten Teil Jammers Theorie zum Wandel und Verlust der traditionellen Bildformeln im Codex Manesse an und führt diese weiter aus. Denn neben der Modalität der Dichterdarstellung in den Autorenbildern sei das Darstellen des vermeintlichen sozialen ständischen Rangs der Dichter, im gesellschaftlichen Wertesystem des Mittelalters, die Intention der Miniaturen. Jene Darstellung des sozialen Stands wird mittels der Beigabe von symbolischen Standesinsignien in ritterlich – adeliger Bild- und Wertetradition gewährleistet. Im Regelfall folgt die symbolische Standesdarstellung gemäß Lothar Voetz einem dreigliedrigen Darstellungskonzept. Der soziale Rang des Dichters kann demnach unter anderem mittels Überschrift des Dichternamens und adeliger Titelzugabe im oberen Zentrum über der Miniatur selbst, durch den dargestellten Bildinhalt und der höfischen Tätigkeit des Dichters in jenem sowie mittels heraldischer Hinzugabe von Wappenschild und Helm mit Helmzier als Standesinsignien in ritterlich – adeliger Tradition hervorgehoben werden. Die instrumentalisierten im Mittelalter gängigen Standesinsignien haben demnach einerseits die Funktion den Autor und die Wichtigkeit seines Textkorpus zu legitimieren und anderseits seinen jeweiligen Rang in der mittelalterlichen Gesellschaft zu manifestieren. Daher kommt den Miniaturen und dessen Bestandteilen ein hochgradig symbolischer sowie kommunikativer Repräsentation– und Wiedererkennungswert zu, diese

---

[67] Vgl. Voetz, Codex Manesse, S. 33 – 34.
[68] Voetz, Codex Manesse, S. 33.
[69] Vgl. Holznagel, Wege in die Schriftlichkeit, S.67.

die Bedeutsamkeit der gesamten Handschrift untermauern und gleichwohl ihren Initiatoren Prestige bescheren sollen.[70] Gerade der Umstand dass lediglich nur rund ein Drittel der von Joachim Bumke nachgewiesenen überlieferten 117 Dichterwappen in den 137 Miniaturen des Codex Manesse gemäß heraldisch – historischer Vorstellung in ihrer Konzeption als plausibel zu betrachten sind und diese nicht notgedrungen historisch existierten oder den Dichtern zugewiesen werden können, bestätigt für Voetz einerseits die Annahme um die idealisierte symbolische Intention der Standesinsignien sowie die Hervorhebung des sozialen Stands der Dichter in den Miniaturen.[71] Den farbenprächtigen miniaturhaften Autorenbildern kommt daher ein hochgradig instrumentalisierter kommunikativer Wert zu, dieser über gesellschaftliche Grenzen hinweg visuell das hierarchisch – ständische Gesellschaftssystem und dessen höfische Traditionen sowie die ritterlich – adeligen Wertevorstellungen via idealisierter Autorminiaturen artikuliert.

Erst nach der Bewusstmachung des Denkens in Symbolen sowie des mittelalterlichen Entstehungskontexts der Handschrift ist es möglich die Intention, Verwendung und Konstruktion hinsichtlich der Symbolkraft und dem kommunikativen Wert jener Miniaturen und dessen Bestandteilen sinnhaft zu entschlüsseln. Denn um „die Bedeutung solcher Bilder zu verstehen, ist das Denken in Symbolen, wie es im Mittelalter eigen war, unbedingte Voraussetzung"[72].

4. Analyse der Miniaturen
4.1 Miniatur des Kaiser Heinrich

Wie der den Codex Manesse eröffnenden Miniatur[73] anhand der Miniaturüberschrift in roten Lettern und gotischer Buchschrift am oberen zentralen Pergamentblattrand zu entnehmen ist, illustriert die Miniatur „keiser heinrich". Das Autorenbild stellt somit anhand des historischen Kontexts den christlichen Staufer Kaiser Heinrich VI (1165 – 1197), Sohn von Kaiser Friedrich I. Barbarossa und Vater des späteren Kaisers Friedrich II., auf einem freien unbemalten Bildhintergrund dar.

Die Miniatur ist auf einem unlinierten Pergamentblatt illustriert. Die Gestaltung des Miniaturrahmens folgt einer rot – gold – blauen Farbkomposition, diese strukturell gemäß

---

[70] Vgl. Voetz, Codex Manesse, S. 33 – 34.
[71] Vgl. Voetz, Codex Manesse, S. 34.
[72] Flühler-Kreis, Die Bilder, S. 67.
[73] Cod. Pal. germ. 848, fol. 6 r. URL: http://digi.ub.uni-heidelberg.de/touch/cpg848/#page/15 (08.02.2018).

eines geometrischen Rautenmusters hin angelegt ist. Das Rautenmuster gilt jedoch nicht für alle Farben des Rahmens, denn die Farben blau und rot erscheinen in Form von durchgängigen ununterbrochenen Streifen auf denen mittig überlappend die goldenen Rauten aufgesetzt sind. Die inneren Streifen im Rahmen, also zur Szenerie des Autorenbilds gerichtet, sind blau und die äußeren Streifen rot. Ausgehend von den Unterscheidungskriterien der Miniaturen nach Lothar Voetz ist die Kaiser Heinrich VI. Miniatur dem Grundstockmaler und dessen Gehilfen zuzuweisen, da die Pergamentseite sowohl unliniert als auch die farblichen sowie strukturellen Ausgestaltungen des Miniaturrahmens signifikant für Gr sind.

Neben dem Rahmen und der Dichterüberschrift ist die Miniatur in weitere zwei Bestandteile, die Standesinsignien und die Szenerie der Miniatur, zu untergliedern. Im oberen Drittel befinden sich die Standesinsignien, diese sich jeweils rechts und links vom jeweiligen blauen Miniaturinnenrand in symmetrischer Entsprechung befinden. Der Dichterwappenschild durchbricht in einer gewissen Art und Weise den inneren Rahmen, indem dieser den Rahmen zum Teil leicht überlappt. Der Schild zeigt einen schwarzen Adler mit roten Fängen auf dem gelb – goldenen Schildhintergrund, dieser in Abgrenzung zum Rand eine rote Einsäumung aufweist. Der Wappenschild und dessen Motiv wird jedoch erst unter König Rudolf I. von Habsburg (1218 – 1291)erstmals als Reichswappen Verwendung finden.[74]

Der metallisch – silberne Helm, rechts im oberen Drittel, trägt eine siebenblättrige offene Laubkrone als Helmzier, über welcher ein schwarzer Adler mit roten Fängen, wie bereits links auf dem Wappenschild, thronend schwebt bzw. befestigt ist.

Im Zentrum der Miniatur wird die Gestalt Kaiser Heinrich VI. als gekrönter Kaiser dargestellt, dieser im Bildzentrum auf einem goldenen Thronsessel mit grüner Polsterung im Rautenmuster sitzt. Die erhöhte Position des im Thron sitzenden Kaisers wird zusätzlich durch ein Thronpodest am unteren Bildrand, auf welchem der Thron steht, erhöht. Das Erscheinungsbild sowie die Positionierung des Kaisers in Komposition zu den Bildelementen entspricht dem seit der Antike tradierten Typus herrschaftlicher Darstellung und kann demnach als ein repräsentatives Idealbild eines Herrschers bezeichnet werden. Die Gestalt des Kaisers füllt fast die gesamte durch den Miniaturrahmen eingegrenzte Pergamentfläche des Autorenbilds aus und ist dem Betrachter jener Miniatur frontal zugewandt. Ähnlich wie die Körperhaltung wirkt der Blick des Kaisers autoritär, starr und

---

[74] Vgl. Walther, Codex Manesse, S. 2.

fokussiert. Das Gesicht ist durch einen kurz geschnittenen braunen Vollbart gerahmt und auf seinem Haupt mit langem gelocktem Haar befindet sich eine stilisierte goldene Laubkrone, diese ebenfalls als Helmzier auf dem Helm zu betrachten ist.

Ergänzend zur Laubkrone hält der dargestellte Kaiser in seiner rechten Hand, diese er auf seinem rechten Knie abstützt, ein Zepter, welches durch eine stilisierte heraldische Schwertlilie gekrönt wird. Die Schwertlilie symbolisiert die Ritterlichkeit und fungiert in Kombination mit dem Zepter als Symbol der Reichsherrschaft einerseits als Legitimierung des Kaisers als mächtigen Reichsschützer und andererseits zeichnet es seine bedeutende Ritterlichkeit aus. Das synthetisierte Schwertlinienzepter zeichnet demnach des Kaisers erstrangige Stellung unter den adeligen Ritterlichen aus. In achsensymmetrischer Komposition hält die linke Hand, die ebenfalls auf dem linken Knie aufliegt, ein breites, langes und winkelig angeordnetes Schriftband. Die Form des Schriftbandverlaufs erinnert an ein großes A. Das Spruchband, das in Analogie zum erwarteten hier fehlenden Reichsapfel steht, charakterisiert den Kaiser in der Miniatur in seiner Funktion als Dichter.

Die gegürtete edle blaue Gewandung des Dichterkaisers, die mit goldenen Säumen verziert ist, unterzeichnet die edle und adelige Herkunft des Kaisers. Über jenem blauen Gewand trägt der Kaiser zusätzlich einen purpurfarbenen offenen Mantelumhang, der erneut die edle Herkunft untermauert.

Das prominent am linken Bildrand auf der Spitze stehende bzw. an der Wand hängende Schwert, weist den Kaiser einerseits als höchsten Repräsentanten des Ritterstands aus, andererseits legitimiert es rekurrierend die Herrschaft des Kaisers als Beschützer des Reichs, indem ihm alleine die Macht des obersten Lehns– und Gerichtsherrn zusteht.

Abschließend sei zur Kaiser Heinrich VI. Miniatur zu sagen, dass innerhalb jenes Kaiserbildes eine Synthese einer Vielzahl von ritterlich – adeligen Idealen, Bildtraditionen, hierarchisch – ständischen Gesellschaftsordnungen und geistlicher sowie weltlicher Wertevorstellungen stattfindet. Das Kaiserbild bzw. Dichterkaiserbild, welches die Liederhandschrift eröffnet, stellt demnach innerhalb seiner Miniatur eine Synthese aus Traditionen hierarchischer Standesbilder sowie dichterischen Autorenbilder dar. Sowohl das Standesbild, in Form traditioneller Symbole von hierarchischen Herrschaftsdarstellung, als auch das Autorenbild, in Form von Symbolen wie dem Spruchband oder der Positionierung in einer weltlichen Lyrikanthologie, vereinigen sich im Codex Manesse zur Kaiserminiatur Kaiser Heinrich VI..

Ingo F. Walther sieht in seinen Überlegungen die kompositionelle Vorlage für die Miniatur Kaiser Heinrich VI. vor allem in der Darstellung des alttestamentlichen König David, dieser einerseits als adeliger Herrscher und anderseits als Dichter der Davidpsalme inszeniert wird.[75]

4.2 Miniatur des Herr Walther von der Vogelweide

Wie der Miniaturüberschrift in roten Lettern und gotischer Buchschrift am oberen zentralen Pergamentblattrand zu entnehmen ist, illustriert jene Miniatur[76] „her walther vo der Vogelweide" in Form einer idealisierten Autorendarstellung.

Die Miniatur von Walther von der Vogelweide eröffnet den im Codex Manesse längsten und bedeutendsten sowie vielseitigsten Textkorpus mittelhochdeutscher Spruch– und Lieddichtung.

Inhaltlich beruht die Miniaturszene auf den ersten Eingangsversen des sogenannten Reichstons Walther von der Vogelweide. Der Reichston könnte demnach für den Maler als Vorlage bzw. Orientierung zur Miniaturerstellung gedient haben. Jene vielschichtige Verflechtung der visuellen Ebene der Miniatur mit der textuellen Ebene der weltlichen Textkorpus des Codex Manesse sei hier exemplarisch anhand der Miniatur von Walther von der Vogelweide skizziert.

Die Miniatur ist auf einem unlinierten Pergamentblatt illustriert. Die Gestaltung des Miniaturrahmens folgt einer rot – gold – grünen Farbkomposition, diese strukturell gemäß eines geometrischen Rautenmusters hin angelegt ist. Das Rautenmuster stellt sich jedoch nicht für alle Farben des Rahmens ein, denn die Farben grün und rot erscheinen in Form von durchgängigen ununterbrochenen Streifen auf denen mittig überlappend die goldenen Rauten aufgesetzt sind. Die inneren Streifen im Rahmen, also zur Szenerie des Autorenbilds gerichtet, sind rot und die äußeren Streifen grün. Ausgehend von den Unterscheidungskriterien der Miniaturen ist die Walther von der Vogelweide – Miniatur dem Grundstockmaler zuzuweisen, da die Pergamentseite sowohl unliniert als auch die farblichen sowie strukturellen Ausgestaltungen des Miniaturrahmens signifikant für Gr sind. Im Unterschied zur Kaiser Heinrich VI. Miniatur ist jedoch anzunehmen dass die vorliegende Miniatur später entstanden ist. Als Beweis für jene Vermutung kann auf die

---

[75] Vgl. Walther, Codex Manesse, S. 2.
[76] Cod. Pal. germ. 848, fol. 124 r. URL: http://digi.ub.uni-heidelberg.de/touch/cpg848/#page/251 (08.02.2018).

voraussichtlich grüne Farbe, die aufgrund ihres schlechten Erhaltungszustands nur schwer von blau unterschieden werden kann, im Miniaturrahmen verwiesen werden, diese signifikant für die jüngeren Miniaturen des Grundstockmalers sind.

Der Dichter Walther von der Vogelweide sitzt in meditierend – trauernder Haltung auf einem felsähnlichen Gebilde, dieser mit weißen dreiblättrigen Kleeblättern bewachsen ist. Ferner ist sein linkes Bein über das rechte Bein geschlagen. Das damit hochgestellte Knie fungiert für Walther von der Vogelweide als Stütze seines linken Arms, welcher in Kombination mit seiner linken Hand als Wiege für sein Kinn sowie die linke Wange dient. Das dreiblättrige weiße Kleeblatt kann einerseits in Analogie zur weißen Lilie als Mariensymbol betrachtet werden, in welcher andererseits durch die dreiblättrige Struktur die göttliche Trinität symbolisch innewohnt. Des Weiteren gilt Walthers Haltung der übereinandergeschlagenen Beine als elegant und höfisch, jedoch weniger typisch für einen Dichter[77], den Walther in Form eines Meisters der deutschen Spruchdichtung darstellt, als für Richter oder Gesetzgeber. Der weltliche ritterlich – höfische Dichter thront daher symbolisch mit seiner Tätigkeit über der christlich – theologischen Tradition. Jenen Gedankengang greift Ingo F. Walther auf, indem dieser die sitzend – meditierende Positionierung des Dichters in prophetischer Haltung als tradierte spätantike und christliche Bildformel der Malerei deklariert. Die mittelalterlichen Propheten – und Evangelistendarstellungen werden aufgegriffen und demnach in die Dichterdarstellung weltlicher Handschriften und deren Miniaturen rückübersetzt.[78]

Die Gestalt Walthers ist insgesamt dem Betrachter leicht abgewandt und wirkt dadurch weniger starr. Zudem füllt die Dichtergestalt in der Autorenminiatur weniger vom Rautenmusterrahmen begrenzte Pergamentfläche aus als die Miniatur des Kaiser Heinrich VI. Der auf dem Fels sitzende Walther von der Vogelweide ist leicht aus dem Zentrum der Miniatur gerückt, sodass das links am Fels angelehnte Schwert ebenfalls mit in die Bildmitte ragt. Des Weiteren ragt das nach oben hin geöffnete unbeschriebene Schriftband, das auf den Knauf des am Felsen lehnenden Schwerts gestützt ist und durch Walthers rechte Hand gehalten wird, mit in das Miniaturzentrum. Walther schaut nachdenklich auf die Schriftrolle und das Schwert. Indem sowohl Walther von der Vogelweide als auch die beiden Attribute Schwert, symbolisch für die Standesherkunft stehend, und Spruchband in der Bildmitte positioniert sind, wird durch die am Spruchband angelegte Hand Walthers

---

[77] Vgl. Walther, Codex Manesse, S. 90.
[78] Vgl. Walther, Codex Manesse, S. 92.

dessen Tätigkeit als Dichter und Minnesänger deutlich artikuliert. Ferner bildet das Schwert als Symbol des adelig – ritterlichen Standes den stützenden Sockel in konditionaler Abhängigkeit zur höfisch –dichterischen Tätigkeit des Minnesangs. Der gesellschaftliche Stand und die Herkunft bedingt demnach die Befähigung und Tätigkeit des Minnesängers.

Ähnlich zu Kaiser Heinrich VI. trägt Walther von der Vogelweide in der Miniatur eine blaue Gewandung, diese jedoch nur mit einem goldenen Rundhalskragen auskommen muss. Insgesamt erscheint das Gewand kürzer, dafür trägt Walther von der Vogelweide je einen goldenen Armreifen an den Armen. Sein geneigter Kopf ist durch einen Pelzhut geschmückt, der die in den Nacken fallenden blonden Locken fixiert.

In Ähnlichkeit zur Kaiser Heinrich VI. Miniatur befindet sich der Wappenschild Walther von der Vogelweide innerhalb des Miniaturrahmens in der linken oberen Ecke. Der Wappenschild zeigt einen goldenen lautenähnlichen Vogelkäfig mit weißen Gitterstäben, dieser auf einem roten Grund einen wandernden grünen Vogel darstellt. Das Wappen Walther von der Vogelweide kann jedoch nicht historisch verifiziert werden, weshalb jenes als *redendes Wappen* und somit als Erfindung des Malers tituliert werden kann.[79] Vermutlich ist die Wappenfigur auf Walthers Beinamen zurückzuführen sowie auf dessen dichterische Tätigkeit, indem der dargestellte Vogel als Nachtigall seine Lieder ähnlich zu Walther von der Vogelweide mit dessen Minnesang wohlklingend erklingen lässt. In achsensymmetrischer Komposition befindet sich in der rechten oberen Ecke ein verzierter goldener Helm mit zwei roten Fäden und Helmzier in Form der Wappenschildfigur.

In der Miniatur von Walther von der Vogelweide koexistieren viele Theorien der jüngeren Forschung um die ritterliche Herkunft des Dichters sowie dessen dichterischen Tätigkeiten. Alles in allem kann festgehalten werden, dass in jener Miniatur der Fokus auf die dichterische Tätigkeit Walthers gelegt wurde und der ritterliche Kontext diesen lediglich legitimiert.

4.3 Vergleichende Gegenüberstellung der analysierten Miniaturen

Im Hinblick der Beschreibungen und Analysen beider Miniaturen lassen sich viele strukturelle sowie symbolische Gemeinsamkeiten als auch gravierende Unterschiede herausstellen. Die strukturellen Gemeinsamkeiten entspringen dem Umstand, dass sowohl

---
[79] Vgl. Walther, Codex Manesse, S. 92.

die Miniatur Kaiser Heinrich VI. als auch die Miniatur des Herrn Walther von der Vogelweide aus dem Schaffensprozess des Grundstockmalers und dessen Gehilfen stammen. Die Analysetheorie Lothar Voetz zum Erscheinungsbild der Miniaturen anwendend ist des Weiteren festzustellen, dass aufgrund der grünen Farbe im Rahmen der Walther Miniatur jene Miniatur zu einem späteren Zeitpunkt erstanden sein muss. Weitere ähnliche Elemente beider Einzelgestalt – Miniaturen sind die edle blaue Gewandung der Dichter als auch die adelig – ritterlichen Standesinsignien von Wappenschildern und verzierten Helmen. Anders als der Wappenschild Kaiser Heinrich VI. ist Walthers Schild historisch nicht verifizierbar und dient demnach rein symbolisch in Form eines *redenden Wappens* als Legitimierung seiner adelig – ritterlichen Herkunft. Sowohl das Schwert, als Symbol ritterlichen Standes, als auch das Spruchband, als Symbol höfisch – dichterischer Befähigung und Tätigkeit im Minnesang, sind in beiden Miniaturen vorhanden. Beiden Bildelementen kommt jedoch jeweils eine unterschiedliche Gewichtung hinzu. Bei Kaiser Heinrich VI. ist das Schwert prominent in den Vordergrund gerückt, wohingegen bei Walther von der Vogelweide das Spruchband prominenter in Erscheinung tritt. Grund dafür ist unter anderem dass das große Schwert des gekrönten im Thron sitzenden Kaisers ihn als Beschützer des Reichs auszeichnet. Ferner zeichnet ihn das Schwert in Kombination mit der Lilienkrone und dem Zepter einerseits als Vertreter des Herrschergottes Christus sowie anderseits als den ersten Repräsentanten des ritterlichen Standes aus. Das Spruchband verifiziert ferner seine dichterische Tätigkeit und legitimiert ihn in Analogie zum Reichsapfel und biblischen König David als Dichterkaiser in christlicher sowie höfischer Tradition. In der Walther Miniatur hingegen erscheint das Schwert lediglich als symbolische Bedingung und Grundlage der dichterischen Tätigkeit, indem das Schwert und die dadurch suggerierte richterliche Herkunft das Spruchband stützt und dadurch den Minnesang ermöglicht. Die christliche Tradition hält in der Walther – Miniatur ebenfalls Einzug, indem der Dichter Walther von der Vogelweide auf einem Felsen sitzt dieser mit christlichen Trinitätssymbolen geschmückt ist. Die christliche Tradition und göttliche Trinität ermöglicht nicht nur den ritterlichen Stand, indem das Schwert vom Felsen gestützt wird, sondern ebenfalls indirekt die dichterische Tätigkeit in ritterlich – adeliger Tradition. Der Eindruck dass jene Miniaturen abfallend nach dem ritterlich – adeligen Stand und ständischen Rangordnungssystem angeordnet sind und unterschiedliche Bildtraditionen ineinander vereinen, wird unter anderem dadurch bestätigt, indem die eröffnende Miniatur Kaiser Heinrich VI. als Dichterkaiser in antiker

Tradition starr sitzend, dem Betrachter frontal zugewandt in der Bildmitte darstellt ist. Der Kaiser wird mit seiner Positionierung und starren Haltung im Miniaturzentrum größer als alle anderen Dichter in der Handschrift dargestellt. Walther von der Vogelweide ist ähnlich wie die beiden Attribute leicht aus der Bildmitte gerückt und vom Betrachter abgewandt. In seiner Positionierung und Gestalt wirkt Walther von der Vogelweide nachdenklich in sich gekehrt und präsentiert sich stärker als Kaiser Heinrich VI. in einer tradierten spätantiken christlichen Bildtradition. Walther erscheint als sitzend meditierender Dichter und Mitglied des ritterlichen Standes in adaptierter Analogie zu den Evangelistendarstellungen. Die Abfolge der Miniaturen sowie die Inhalte jener Autorenbilder implizieren, dass die dichterische Befähigung zum Minnesang der Dichter in die ritterlich – adelige Welt, gemäß der höfischen Traditionen, eingebunden ist und dies von den Miniaturen artikuliert wird. Abschließend sei gesagt dass die konservativere Miniatur Kaiser Heinrich VI. als herrschaftliches Repräsentationsbildnis und die Miniatur Walther von der Vogelweide als adelig – ritterliches Dichteridealbildnis erscheint und das mittelalterliche Denken in Symbolen und Zeichen exemplarisch darstellt. Die Miniaturen dessen Szenerien, Symbole sowie Anordnung in der Handschrift skizzieren einen Eindruck des mittelalterlichen Verständnisses ständisch – hierarchischer Gesellschaftsordnung gemäß adelig – ritterlicher Wertevorstellungen. Ferner wird die dichterische Tätigkeit und Befähigung symbolisch in Kombination diverser Bildtraditionen und deren Neukombinationen in heilsgeschichtliche Bezüge gesetzt und dadurch legitimiert. Sowohl die adelig – ritterliche Standesdarstellung gemäß Voetz dreigliedrigem Darstellungskonzept als auch dessen Theorie hinsichtlich der Malerdifferenzierung mittels des Erscheinungsbildes der Miniatur, lassen sich zielbringend anhand der exemplarischen Miniaturen in Form von Analysen anwenden.

5. Fazit

In Conclusio sei antwortend auf die Leitfrage jener Hausarbeit zu sagen, dass die Mannessischen Miniaturen viel mehr als nur profane farbenprächtige Schmuckelemente sind. Die Miniaturen erscheinen einerseits in Anbetracht ihrer kommunikativen Funktion als hochgradig instrumentalisiertes Konstrukt ritterlich – adeliger Symbole, Motive und höfischer Tätigkeiten sowie als Kombinationen von weltlichen und geistigen Bildtraditionen verschiedener Zeiten und Einflüsse. Anderseits skizziert sowohl die

Komposition von Bildelementen als auch die strukturelle Abfolge der Autorenbilder innerhalb der Großen Heidelberger Liederhandschrift das idealisierte Prinzip der hierarchisch – ständischen Gesellschaftsordnung, welches das mittelalterliche Denken in Zeichen und Symbolen bzw. dessen Verständnis voraussetzt. Die Miniaturen sind demnach sowohl, nicht zuletzt aufgrund ihrer Komplexität, Kostspieligkeit und Farbenfülle, als prestigeträchtiges Ornament der Handschrift als auch als visualisierte Umsetzung abstrakter Begriffe, Glaubens – und Wertevorstellungen zu erkennen. Die Manessischen Miniaturen sind daher sowohl farbenprächtiges Beiwerk als auch hochgradig instrumentalisiertes Transfernmedium eines adelig – ritterlichen Werte– und Weltensystems, konstruiert nach einem hierarchisch – ständisch organisierten Gesellschaftsbauplan.

Trotz der veralteten Theorien Ewald Jammers bezüglich der in den Miniaturen aufkommenden Bildformeln und dessen internen Wandel in der Manessischen Liederhandschrift, weisen diese, vor allem durch die ergänzenden Aktualisierungsarbeiten und Ausführungen Lothar Voetz, eine enorme Praktikabilität in der Miniaturenanalyse sowie in der Differenzierung ihrer Bestandteile und Kontexte auf. Ferner sind es gerade die Adaptionen und theoretischen Ausführungen Lothar Voetzs z.B. in Form der Malerdifferenzierungen und dem dreigliedrigen Darstellungskonzept des adelig – ritterlichen Standes, diese bei der analytischen Erschließung der Konzeption und Funktionsweise der Manessischen Miniaturen im Kontext des Codex Manesse hilfreich erscheinen. Zusammenfassend ist die Funktion der Miniaturen innerhalb ihres Repräsentations– und Abstraktionswerts zu sehen, indem ihre kommunikative Absicht einerseits die Erschaffung und Legitimierung einer ritterlich – adeligen Welt ist und andererseits die idealisierten ritterlichen Wertevorstellungen und Tätigkeiten transferieren möchte. Abschließen sei jedoch zu sagen dass trotz der ausführlichen Analysen und Interpretationen der aufgeführten Miniaturbestandteile und Einflüsse jene daraus resultierenden Erkenntnisse ausschließlich Hypothesen sind, diese versuchen Erklärungsansätze auf ungelöste Fragen zu finden. Die eigentliche ursprüngliche Funktion und Wertung jener Miniaturen ist jedoch mit dem Ableben ihrer Ersteller und Auftraggeber, aufgrund fehlender Quellen, verloren gegangen.

6. Quellenverzeichnis:

Codex Manesse, Universitätsbibliothek Heidelberg, Cod. Pal. germ. 848, fol. 6 r. URL: http://digi.ub.uni-heidelberg.de/touch/cpg848/#page/15 (08.02.2018).

Codex Manesse, Universitätsbibliothek Heidelberg, Cod. Pal. germ. 848, fol. 10 r. URL: http://digi.ub.uni-heidelberg.de/touch/cpg848/#page/22 (08.02.2018).

Codex Manesse, Universitätsbibliothek Heidelberg, Cod. Pal. germ. 848, fol. 30 r. URL: http://digi.ub.uni-heidelberg.de/touch/cpg848/#page/62 (08.02.2018).

Codex Manesse, Universitätsbibliothek Heidelberg, Cod. Pal. germ. 848, fol. 124 r. URL: http://digi.ub.uni-heidelberg.de/touch/cpg848/#page/251 (08.02.2018).

Codex Manesse, Universitätsbibliothek Heidelberg, Cod. Pal. germ. 848, fol. 196 r. URL: http://digi.ub.uni-heidelberg.de/touch/cpg848/#page/395 (08.02.2018).

Codex Manesse, Universitätsbibliothek Heidelberg, Cod. Pal. germ. 848, fol. 197 v. URL: http://digi.ub.uni-heidelberg.de/touch/cpg848/#page/398 (08.02.2018).

Codex Manesse, Universitätsbibliothek Heidelberg, Cod. Pal. germ. 848, fol. 371 r. URL: http://digi.ub.uni-heidelberg.de/touch/cpg848/#page/744 (08.02.2018).

Codex Manesse, Universitätsbibliothek Heidelberg, Cod. Pal. germ. 848, fol. 399 r. URL: http://digi.ub.uni-heidelberg.de/touch/cpg848/#page/800 (08.02.2018).

Codex Manesse, Universitätsbibliothek Heidelberg, Cod. Pal. germ. 848, fol. 428 r. URL: http://digi.ub.uni-heidelberg.de/touch/cpg848/#page/859 (08.02.2018).

7. Literaturverzeichnis:

Forschungsliteratur:

Flühler – Kreis, Dione: Die Bilder: Spiegel mittelalterlichen Lebens?, in: Claudia Brinker, Dione Flüher – Kreis (Hgg.): Die Manessische Liederhandschrift in Zürich, Schweizerisches Landesmuseum Zürich 1991, S.65-74.

Holznagel, Franz – Josef: Wege in die Schriftlichkeit. Untersuchungen und Materialien zur Überlieferung der mittelhochdeutschen Lyrik (Bibliotheca Germanica, 32), Tübingen, Basel 1995.

Jammers, Ewald: Das Königliche Liederbuch des Deutschen Minnesangs. Eine Einführung in die sogenannte Manessische Handschrift, Heidelberg 1965.

Mittler, Elmar: Vorwort, in: Elmar Mittler, Wilfried Werner (Hgg.): Codex Manesse. Katalog zur Ausstellung vom 12. Juni bis 2. Oktober 1988. Universitätsbibliothek Heidelberg, 2. überar. Aufl., Heidelberg 1988, S. VII.

Voetz, Lothar: Der Codex Manesse. Die berühmteste Liederhandschrift des Mittelalters, Sonderausgabe 2. durchges. Aufl., Darmstadt 2017.

Voetz, Lothar: Überlieferungsformen Mittelhochdeutscher Lyrik, in: Elmar Mittler, Wilfried Werner (Hgg.): Codex Manesse. Katalog zur Ausstellung vom 12. Juni bis 2. Oktober 1988. Universitätsbibliothek Heidelberg, 2. überar. Aufl., Heidelberg 1988, S. 224 – 274.

Walther, Ingo F.: Codex Manesse. Die Miniaturen der großen Heidelberger Liederhandschrift, 3. Aufl., Frankfurt am Main 1988.

Werner, Wilfried: Die Handschrift und ihre Geschichte, in: Walter Koschorreck, Wilfried Werner (Hgg.): Codex Manesse. Die Grosse Heidelberger Liederhandschrift. Kommentar zum Faksimile des Codex Palantinus Germanicus 848 Der Universitätsbibliothek Heidelberg, Kassel 1981, S. 15 – 39.

Werner, Wilfried: Die Handschrift, in: Claudia Brinker, Dione Flüher – Kreis (Hgg.): Die Manessische Liederhandschrift in Zürich, Schweizerisches Landesmuseum Zürich 1991, S.53 – 58.

Internet:

Effinger, M,. Codex Manesse, in: Sammlung und Bestände (02.03.2018). URL: http://www.ub.uni-heidelberg.de/allg/benutzung/bereiche/handschriften/codexmanesse.html (10.03.2018).

Universitätsbibliothek Heidelberg, Cod. Pal. germ. 848 Große Heidelberger Liederhandschrift (Codex Manesse), in: Bibliografische Informationen (2009). URL: https://katalog.ub.uni-heidelberg.de/titel/67353646 (10.03.2018).

Universitätsbibliothek Heidelberg, : Cod. Pal. germ. 357 Kleine Heidelberger Liederhandschrift A und Anhang a, in: Bibliografische Informationen (2009). URL: https://katalog.ub.uni-heidelberg.de/titel/66571078 (10.03.2018).

Württembergische Landesbibliothek Stuttgart, Weingartner Liederhandschrift - HB XIII 1, in: Bibliografische Info. URL: http://digital.wlb-stuttgart.de/purl/bsz319421317 (10.03.2018).

BEI GRIN MACHT SICH IHR WISSEN BEZAHLT

- Wir veröffentlichen Ihre Hausarbeit, Bachelor- und Masterarbeit

- Ihr eigenes eBook und Buch - weltweit in allen wichtigen Shops

- Verdienen Sie an jedem Verkauf

Jetzt bei www.GRIN.com hochladen und kostenlos publizieren